Taknemmelighed

med

Loven om Tiltrækning

Arbejdsbog

Taknemmelighed med Loven om Tiltrækning
Arbejdsbog

Forlag: BoD – Books on Demand, København, Danmark.
Fremstilling: BoD – Books on Demand GmbH – Norderstedt,
Tyskland.

1. udgave, 1. oplag
ISBN: 9788743013884
www.bettinamollerjensen.dk
Focus & Flow – Skolen for konkret anvendelse af Loven om
Tiltrækning v. Bettina Møller Jensen

Af samme forfatter

Visionboard – Sådan gør du dine drømme til virkelighed

365 kærlige kindheste fra Loven om Tiltrækning

Sådan ændrer du dine vibrationer på 100 dage

Det starter med TAK. Opdag genvejene, der løfter din vibration

10 fortryllende fortællinger fra Loven om Tiltrækning

Årlig manifestationskalender

Du skaber magien i dit eget liv.

Grib din tryllestav, og sæt i gang.

Indhold

Indledning

I oktober 2018 startede jeg (endnu) en gruppe på Facebook. Denne gang var der fokus på taknemmelighed. Igennem længere tid havde jeg selv gjort taknemmelighed til en inkorporeret del af min hverdag, og i overensstemmelse med min tilgang til Loven om Tiltrækning ønskede jeg at brede begrebet "taknemmelighed" ud på et større plan. Mit ønske og min intention med gruppen på Facebook, som det i øvrigt var gratis at deltage i, var at vise andre, hvor uendelig stor en kraft der findes i at være i stand til at styre sit fokus. Som med alt andet, når vi skal lære nyt og ændre rutiner, så er det altid en hjælp, når det nye kan sættes ind i en matrice, og man så at sige blot skal gøre, som man får besked på. Så skabes det nye spor hurtigere, og det bliver langt lettere for os at implementere det. Så min tanke med gruppen var således at give en smagsprøve på, hvad taknemmelighed kan. I skrivende stund er det et års tid siden, jeg startede min udfordring, og jeg glædes ved at se, hvor meget fokus der er på gaven i taknemmelighed. Forskere har været fremme og fortælle om de positive indvirkninger af taknemmelighed. Selv offentlige og kendte personer har også givet deres besyv med, og overalt på de sociale medier støder man nu ofte på opslag og grupper, der alle har fokus på taknemmelighed.

Og det er SÅ godt! For det er et vældig godt udgangspunkt for at få resultater med Loven om Tiltrækning.

Gruppen på Facebook, som oprindelig blot var tænkt som en uges udfordring, er nu blevet til en bestående enhed, og i skrivende stund er der tæt på tusinde mennesker, som hver dag skriver i gruppen, hvad de er taknemmelige for.

Energien løftes både for den enkelte, der deler opslaget, men så sandelig også for dem, der har fornøjelsen af at læse det.

Så hvorfor er denne bog nødvendig?

Jeg arbejder med energi hver dag, og i mit virke som Danmarks eneste Certified Law of Attraction Facilitator støder jeg ofte på mennesker, der synes, det er svært at ændre vaner og at holde fast i de vaner, der etableres.

Hvis du kender til yoga eller yogaens verden, er du måske stødt på begrebet "tapas". Der kunne selvfølgelig være tale om små lækre anretninger, som du kan indtage i stearinlysets skær, mens du skriver din taknemmelighed ned, men i dette tilfælde er der nu tale om noget helt andet. I yogaens verden betyder tapas varme og symboliserer, at man afbrænder urenheder.

Tapas er derfor den selvdisciplin, det er at dedikere og bekende sig selv til en praksis, som har til formål at være selve den ild og drivkraft, der frembringer og igangsætter transformation og forandring. En tapas er ikke en mekanisk gentagelse eller udenadslære, men derimod udføres en tapas med opmærksomhed, beslutsomhed og intention.

En tapas kan have varierende længder; i dette tilfælde er tapas'en dog på 108 dage. 108 er tallet for spirituel fuldendelse og ses i forskellige sammenhænge. Blandt andet er der 108 perler i buddhistiske bedeperler, malas. Solhilsnen består af 9 dele, som gentages 12 gange, altså i alt 108. 108 er også antallet af energilinjer i vores system, og sidst, men absolut ikke mindst, er 108 også antallet af gentagelser i mantraet Shreem Brzee. Du kan vælge at følge tapas'en på 108 dage i denne bog, og selvfølgelig kan du også gøre det præcis sådan, som det passer til dig og dit liv. På de næste sider finder du dels en liste, du kan lade dig inspirere af, såfremt du er i tvivl om, hvor du skal starte med taknemmelighed. Du finder også en eksempelside, som viser, hvordan du kan udfylde siderne i bogen her.

God fornøjelse!

Inspirationsliste

- Mit liv
- Dagen i dag
- Mig selv
- Mine relationer
- Landet jeg bor i
- Byen jeg bor i
- Det sted jeg bor
- Naturen
- Kloden
- Fauna
- Flora
- Mad jeg har smagt
- Oplevelser jeg har haft
- Ting jeg har lært
- Steder jeg har besøgt
- Mennesker der har påvirket mig positivt
- Min krop
- Musik
- Bøger
- Universet

Eksempel: Sådan gør du

Når du skriver taknemmelighed ned, er det vigtigt, at du beskriver, HVAD du er taknemmelig for, og HVORFOR du er taknemmelig for netop det. Når du beskriver *hvorfor*, aktiverer du følelserne, der er knyttet dertil.

Få inspiration i eksemplerne:

Jeg er taknemmelig for at have fået endnu en dag, fordi det betyder, at jeg stadig er i live.

Jeg er taknemmelig for at bo i Danmark, fordi det er trygt og uden krig at bo her.

Jeg er taknemmelig for at have gået i skole, fordi det har givet mig visse færdigheder.

Jeg er taknemmelig for naturen, fordi den løfter mit humør og får mit sind til at falde til ro.

Jeg er taknemmelig for min søster, fordi hun altid bakker mig op og altid er der, når jeg har brug for hende.

Det, du fokuserer på, vokser

Du tiltrækker det, du er mest optaget af

_____

Pas på dine ord

Det skal føles godt

Dine følelser taler altid sandt

Stol på din intuition

Føles det skidt? Så er det formentlig sandt.

Stol på dine følelser

Din vibration løftes gradvist

Loven om Tiltrækning spejler din vibration

Jo bedre det bliver, jo bedre bliver det

Nulstil din vibration ved at flytte dit fokus

Eventyret venter derude

Giv byrden fra dig

Vær opmærksom på dine ord

Har du mest fokus på det, du ønsker, eller det, du ikke ønsker?

_____

Vil du have noget til at forsvinde, så undgå
at give det opmærksomhed

Tal mere om det, du ønsker

_____

Skriv om det, du godt kan lide

Tal mindre om det, du ikke ønsker

Det, du er opmærksom på, får din energi

Det, du taler om, giver du energi til

_____

Bare fordi du ikke kan se det, er ikke det

samme som, at det ikke findes

Loven om Tiltrækning virker, uanset om du tror på den eller ej

———————————————————————

Dit fokus skaber din virkelighed

Brug tid på det, du kan lide

Det, du sender ud, tiltrækker du mere af

Det, du fokuserer på, forstærkes

Jo længere tid du bruger på at være optaget af noget, jo mere energi giver du til det

---

Tal om det, du ønsker

Manifestationen kommer med samme styrke

som den energi, du har givet til den

Det, du er mest optaget af, er også det,
du inviterer indenfor

Det starter med dine ord

Al forandring starter med dig selv

_____

*Din vibration er en suppeterning af det, du
er mest optaget af*

_____

Det, du bekymrer dig om, vokser

Det, du dvæler ved i din bevidsthed, viser
sig i din virkelighed

Din personlighed er din virkelighed

Giv opmærksomhed til det, der føles godt

Giv mindre opmærksomhed til det, du ikke ønsker

_____

Sig kun ting om dig selv, som du ønsker skal blive til virkelighed

---

Dine følelser er altid ægte

Hvad giver du opmærksomhed til?

Energien følger dine tanker

Hvordan føles det?

Det skal føles godt

Alt består af energi

Du får et resultat, der matcher det, du har været mest optaget af – uanset om du bryder dig om det eller ej

---

Alt, hvad du har i dit liv, er et resultat af det, du har givet mest energi til

---

Der findes altid mindst tre løsninger

Du har alle de ressourcer, du har brug for

Hvis du kan tænke tanken, så kan du også manifestere det!

Du tiltrækker et match til det,
du føler om det, du tænker

Loven om Tiltrækning er ligeglad med, hvad du har fokus på. Loven om Tiltrækning spejler blot din vibration

---

Du er en omvandrende magnet

Tag kontrol over dit fokus og din adfærd

Din fremtid skabes af det, du gør i dag –

ikke i morgen!

Du skaber din fremtid i dette øjeblik

Sørg for at føle dig så godt tilpas som
muligt lige nu

Du kan ikke skabe noget fra det, der er sket i fortiden

Bekymringer er en investering i alt det,
du ikke ønsker

———————————————————

Den eneste måde at blive mere positiv på
er ved at blive mindre negativ

Tal mere om det, du er glad for,

og mindre om det, du er træt af

_____

Vær modig nok til at vælge det fra,

som føles forkert

Hold øje med godbidderne

Tal om det, du har, fremfor det,

du mangler

Der er rigeligt til alle

Andre trækker dig ikke ned. Du vælger selv

at tilpasse din vibration

Når noget går skævt, behøver du ikke gå med!

_____

Hold dit fokus på det, der virker

Du ser verden ud fra dit eget synspunkt

Andre mennesker spejler blot

din vibration og din forventning

Brug mere tid med mennesker,
der løfter dig op

Brug mindre tid med mennesker,

der trækker dig ned

Mirakler sker altid for dem,

der tror på dem

Alting består af valg og fravalg

Sæt pris på kontrasten.

Den giver dig klarhed

Du behøver faktisk ikke være sammen med relationer, der påvirker dig negativt

———————————————————————

Du vælger selv, om du vil sende en positiv

eller en negativ vibration

_____

Hvert eneste øjeblik kan du vælge, hvor dit fokus skal være. På det, du ønsker, eller det, du ikke ønsker.

Du vælger selv, hvor du vil have dit fokus

_____

Andre bestemmer ikke dit fokus,

det gør du selv

Hvert øjeblik kan du vælge en anden vibration

Vær bevidst om, hvor du har dit fokus

Tag kontrol over dine tanker ved at flytte dit fokus

Vil du have et andet resultat, må du ændre din energi

Vil du vide, hvilken vibration du sender,

så kig på dine resultater

Tiltrækker du det samme resultat igen og igen, så sender du også den samme vibration

---

Der sker ikke fejltagelser. Der er kun match til din vibration

---

Så længe du sender den samme vibration,

tiltrækker du også de samme resultater

Har du fået resultatet, så har du også

sendt vibrationen

Bryder du dig ikke om det? Så undgå at give det opmærksomhed

Tag kontrol over dit fokus, så får du kontrol over dine resultater

---

Din eneste opgave er at vide,

hvad du vil have

_____

Dine følelser er din GPS, der fortæller dig, om du er på rette vej

---

Dit ønske må være klart, for at du kan tiltrække det

_____

Du må først og fremmest vide,
hvad du vil have

Barmhjertighed overfor andre forløser

Vær altid venlig overfor andre.

Du aner ikke, hvad de står i

Din vibration er altid en direkte afspejling af det, du er mest optaget af

_____

Du føler hele tiden· Derfor skaber du hele tiden din virkelighed

---

Det, du giver næring til, gror

Hold andre i det lys, du ønsker at se dem

_____

Du skaber din virkelighed gennem dine følelser

Følelsen er vigtigst

Du skaber det næste øjeblik på baggrund af,

hvordan du føler lige nu

————————————————

Hver tanke du har, ledsages af en følelse

Din vibration er den virkelige magnet, der bestemmer, hvad du tiltrækker

---

Om Bettina Møller Jensen

Bettina Møller Jensen er ekspert i Loven om Tiltrækning og visionboards.

Oprindeligt er Bettina uddannet cand.ling.merc. i engelsk, med bestalling som tolk og translatør, og arbejdede i en lang årrække i den finansielle sektor, blandt andet som leder. Via coaching, undervisning og træning bruger Bettina i dag sine kompetencer til at hjælpe mennesker og virksomheder med at tiltrække mere af det, de ønsker, og mindre af det, de ikke ønsker, ved at mestre Loven om Tiltrækning.

Bettina ved, hvad hun taler om, når det kommer til Loven om Tiltrækning, og er førende indenfor sit felt. Som den eneste i Danmark er Bettina Certified Law of Attraction Facilitator, og hun er kendt for at gøre Loven om Tiltrækning konkret og let at forstå.

Hvis du vil vide mere

Du kan læse mere om Loven om Tiltrækning på hjemmesiden, hvor du også kan skrive dig op til ugentlige tips, tricks og historier om Loven om Tiltrækning.

Ønsker du daglig inspiration, er du også meget velkommen i Facebook-gruppen *"Taknemmelighed med Loven om Tiltrækning og Bettina Møller Jensen"*, så du kan holde dig i kontakt med Loven om Tiltrækning.

Du kan komme i kontakt med Bettina på følgende platforme:

www.bettinamollerjensen.dk
Instagram.com/bettina.moeller.jensen
Facebookside: Loven om Tiltrækning – Bettina Møller Jensen